LES SIÈGES

DE

SÉZANNE, BARBONNE, PLEURS & ANGLURE

EN

1414, 1421, 1424, 1431 et 1432

D'après des documents inédits.

PAR L. LEX

ANCIEN ÉLÈVE DE L'ÉCOLE DES CHARTES

SÉZANNE

Imprimerie-Librairie du COURRIER DE SÉZANNE

A. PATOUX, propriétaire-gérant.

— 1883 —

LES SIÈGES

DE

SÉZANNE, BARBONNE, PLEURS & ANGLURE

EN

1414, 1421, 1424, 1431 et 1432

D'après des documents inédits.

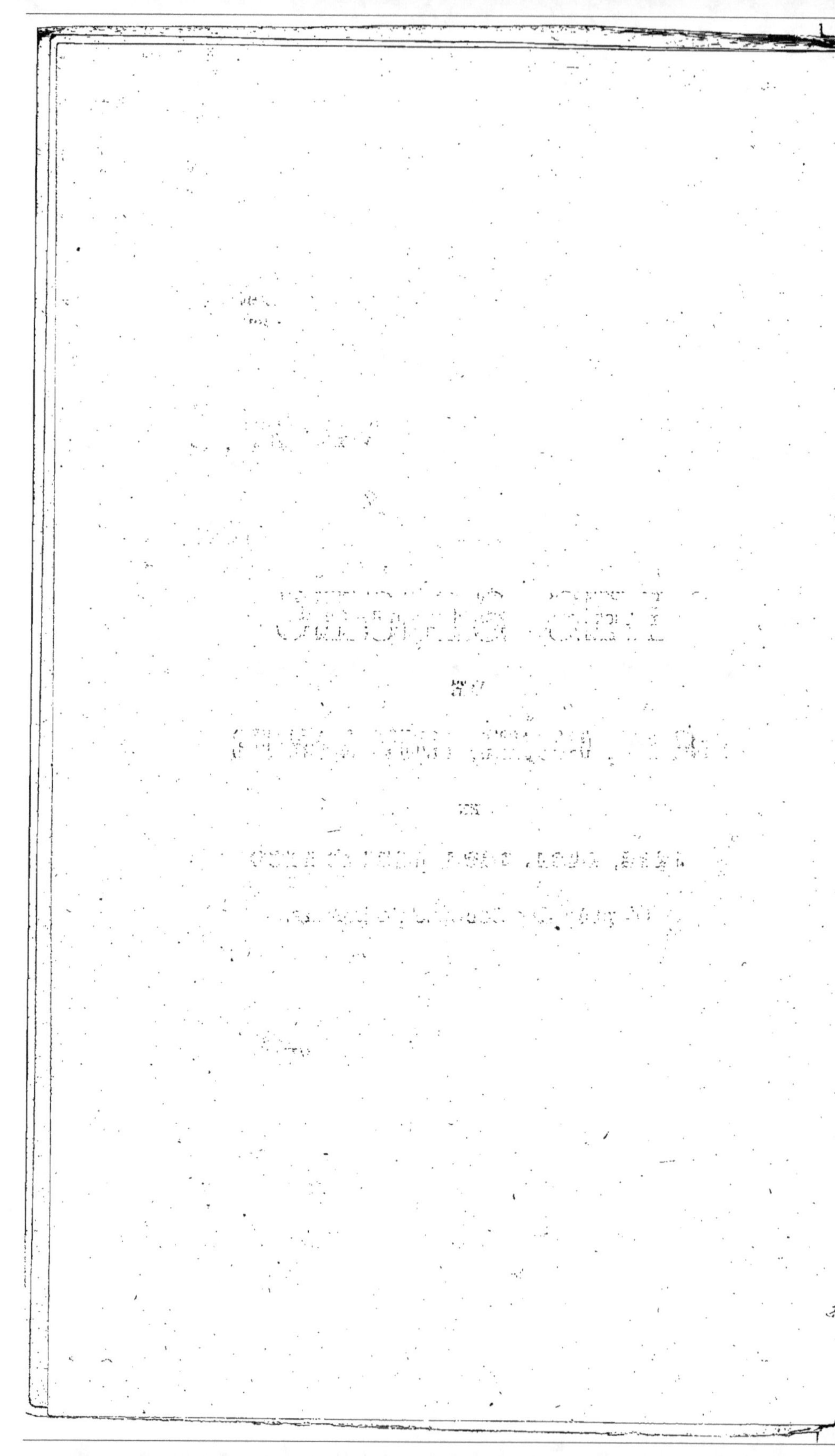

LES SIÈGES

DE

SÉZANNE, BARBONNE, PLEURS & ANGLURE

EN

1414, 1421, 1424, 1431 et 1432

D'après des documents inédits.

———◆———

Les premières années du xve siècle furent pour la Champagne la période la plus désastreuse de la guerre de Cent ans. A la lutte contre l'étranger, vint s'ajouter la grande querelle de deux puissantes maisons : les Armagnacs et les Bourguignons.

Lorsque fut signée la paix d'Arras (1414), le roi d'Angleterre n'était pas encore intervenu dans la mêlée où se trouvaient engagés les deux partis. Cette année même, Sézanne, qui était la ville la plus importante du comté de Vertus, fut assiégée. Les Anglais restèrent trois mois sous ses murs et la prirent d'assaut. Roger de Criquetot commandait la place avec cent cinquante hommes d'armes. Il y fut fait prisonnier ainsi que quarante autres chevaliers que les ennemis eurent la cruauté de pendre. Il y avait eu autant de morts. De là, les vainqueurs se répandirent en Champagne et s'emparèrent de Vertus et d'Epernay (1).

———

(1) C'est à M. Boutiot (*Hist. de la ville de Troyes et de la Champagne méridionale*, t. II, p. 347) que revient le mérite d'avoir distingué ce siège de celui de 1424. Grâce à un auteur du xviie siècle, Nicolas Gilles (*Chroniques et Annales de France*, f° 332), ils ont été confondus de la plus étrange façon.

Les années qui suivirent immédiatement le traité de Troyes (1420) furent marquées par une reprise générale des hostilités. De part et d'autre, on chercha à s'enlever des villes. Une vraie guerre de sièges.

Les environs de Sézanne étaient alors battus (1421) par les hommes d'armes de Jean de Dureville, chevalier, capitaine du château d'Anglure. Celui-ci appartenait au roi d'Angleterre. A Baudement, au contraire, et à Barbonne, le roi de France avait garnison.

Un beau jour, Dureville vint sous les murs de cette dernière place. Mais il essaya en vain de la surprendre.

Au retour de cette course, un des gens de Dureville, Jean Bichot, laboureur, âgé d'environ trente ans, demeurant à Sézanne avec sa femme et ses enfants, vint avec plusieurs autres boire dans une taverne d'Anglure. Quand il sortit, après avoir fait de copieuses libations, il rencontra Jeannin Milet, de Baudement, à qui il réclama deux setiers de blé et d'avoine, qu'il lui devait. Milet répondit qu'il ne devait ni ne paierait rien. De là, discussion, puis dispute. Après quelques bousculades, nos lurons en vinrent aux mains. Bichot trouva par hasard une serpe et en frappa son adversaire à la tête. Mais le lendemain, craignant les suites de ce mauvais coup, il lui envoya un barbier qui lui pansa sa plaie.

Peu après, Milet vint à Anglure ; il y passa une nuit à boire avec Bichot et le barbier. Puis au bout de quelque temps, il se sentit obligé de prendre le lit. Douze jours s'étaient à peine écoulés depuis le moment où il avait été blessé, qu'il mourut.

Le coupable alla trouver aussitôt la femme et les enfants Milet, et, pour les désarmer, leur offrit vingt-quatre écus d'or et fit les frais d'un pèlerinage à Saint-Nicolas de Varengéville (1), plus un

(1) Meurthe-et-Moselle.

certain nombre de messes pour le repos de l'âme du défunt. Afin de se mettre en outre à l'abri de toute poursuite judiciaire, il requit et obtint du roi d'Angleterre une lettre de rémission. Elle est datée du mois de février 1426 (1).

Vers le temps où Dureville commandait à Anglure pour le roi d'Angleterre, le roi de France avait ramené à l'obéissance les habitants de Sézanne. Quand Henri VI fut proclamé à Saint-Denis — au mois de novembre 1422, — le régent, duc de Bedford, vit s'ouvrir devant lui presque toutes les villes situées au nord de la Loire. Sézanne était peut-être la seule place que Charles VI, le roi de Bourges, conservât, non seulement dans le comté de Vertus, mais même dans toute la Champagne. Eustache de Conflans, et Guillaume Marin, un très vaillant homme d'armes, au dire de Monstrelet, s'y étaient jetés avec une troupe assez nombreuse. Ils y tenaient garnison et de là pillaient tout le pays. Un jour, ils vinrent jusqu'aux portes d'Anglure, à Launay, où ils s'emparèrent des rentes de froment dues à l'Evêque de Troyes (2). Les habitants de la ville semblent avoir été, eux aussi, fortement mis à contribution par ces gens d'armes et de trait qui se disaient leurs défenseurs.

Enfin, en 1424 (3), vers la Saint-Jean (24 juin), le comte de Salisbury, comte du Perche et gouverneur de Champagne, vint, avec le seigneur de Châtillon, mettre le siège devant la ville. La défense fut organisée par Guillaume Marin.

La tradition rapporte que les habitants, par es-

_____

(1) Pièces justificatives, I.

(2) Archives de l'Aube, G (1420-29). — cf. Boutiot, *op. cit.*, II, p. 465.

(3) Presque tous les ouvrages d'histoire locale ont placé à tort ce siège en 1423. M. Boutiot, le premier, l'a reporté à sa véritable date (1424), donnée, du reste, par Monstrelet.

prit d'ironie et pour ridiculiser le chef assiégeant, envoyèrent dans le camp ennemi un chariot portant un vieux mouton à l'état de charogne, avec cette inscription : *Sale brebis*. La consonnance avec le nom de Salisbury, qu'on écrivait alors *Saleberry*, laisse fort à désirer. Mais le comte n'en fut pas moins piqué, et, désireux de tirer vengeance des Sézannais, fit attaquer les murs par mine. Puis il commanda l'assaut. Celui-ci fut si vigoureusement mené que les Anglais restèrent maîtres. Deux cents hommes au moins de la place, parmi lesquels se trouvait Guillaume Marin, furent tués ; les autres furent faits prisonniers.

Les maisons furent mises à sac et les femmes livrées à la brutalité des vainqueurs. On démolit les fortifications de la ville.

Les survivants, qui s'étaient rendus coupables de rébellion envers le roi d'Angleterre, jugèrent prudent de lui adresser une demande en grâce. Ils étaient au nombre de cent soixante-dix-huit, tant clercs et nobles, que bourgeois et manants de Sézanne (1). Le roi, voyant qu'il était « en adven-
« ture icelle ville qui anciennement a esté notable,
« marchande et bien peuplée, qu'elle ne chiée en
« piteuse désolacion et totale ruyne », et considé-
rant qu'il faut « grâce et miséricorde préférer à
« rigueur de justice », remit aux suppliants, par
lettre datée du mois d'octobre 1424, « tout cas,
« crimes, déliz, offenses, rébellion et désobeis-
« sance » et les restitua « à leur bonne fame
« et renommée, au pays et à leurs biens. »

Il les astreignit seulement, eux et leurs héritiers à perpétuité, à une amende de deux sous parisis payable tous les ans le jour anniversaire de la prise de la ville (2)

---

(1) Leurs noms nous ont été conservés. On verra que certaines familles ont plus de quatre siècles et demi d'existence à Sézanne.

(2) Pièces justificatives, II. — cf. aussi Monstrelet, éd. Buchon (*Panthéon littéraire*), p. 555.

Sézanne n'était pas tombée seule aux mains des Anglais ; Châlons, Epernay, Vitry avaient successivement subi le même sort. Il était temps que vînt Jeanne d'Arc pour éveiller en France le sentiment de la nationalité et ramener la victoire sous les drapeaux de Charles VII. Celui-ci reprit courage et envoya en Champagne un de ses meilleurs capitaines, le sire de Barbazan, à qui il confia la mission d'enlever aux Anglais les villes fortes qu'ils y occupaient.

Il commença par la partie méridionale de la province et réduisit en 1430 les garnisons de Chappes, Pont-sur-Seine et Marigny.

Au mois de novembre de la même année, il vint camper sous les murs d'Anglure qu'une garnison bourguignonne défendait, et après y avoir laissé des troupes, se dirigea vers Châlons. Mais , ayant appris que le duc de Bedford envoyait des secours aux assiégés , il revint en grande hâte avec le sire de Conflans, le bâtard de Dampierre et leurs gens d'armes. Il fut devant Anglure au mois de mai 1431 et fit aussitôt appel à la ville de Troyes qui , jusqu'alors, avait subvenu à presque tous les frais de la guerre. Elle envoya « le gros voguelaire, « 200 livres de poudre à canon, 68 compagnons de « guerre et un certain nombre de maillets de « plomb. Hommes et munitions quittèrent la ville « sous le commandement de Jean Bonjean, Jean « Lefort ayant été expédié en avant comme éclaireur. Le 11 mai, M. de Barbazan fit savoir que « le voguelaire était rompu ; il demanda l'envoi « de la grosse bombarde et de nouvelles munitions. On lui expédia , le 14, 60 nouveaux compagnons de guerre et des arbalétriers, la grosse « bombarde (1), 400 livres de poudre, 3 pierriers,

---

(1) Cette grosse bombarde s'était d'abord appelée la *Vigoureuse*, puis la *grosse Guillemette*, « pierrier... « remarquable tant pour sa grosseur que pour être fait « de cercles de fer battu qui portent 20 pouces de diamètre à l'embouchure. Il se chargeait de 35 livres de

« 2,500 traits d'arbalètes et 110 maillets de
« plomb. »

Pendant ce temps, le comte d'Arundel, le fils
de Warwick, le sire de l'Isle-Adam, le seigneur
de Châtillon, le seigneur de Bonneuil et d'autres
capitaines arrivaient à la tête des renforts envoyés
par le duc de Bedford, Il y avait en tout 1600
hommes.

Barbazan s'était fortement retranché (1). Plusieurs escarmouches furent engagées dans les-
quelles les Anglais perdirent de seize à vingt
hommes. Quand ils eurent éprouvé la résistance
qu'on leur opposait, ils se décidèrent à partir. La
dame d'Anglure quitta son château après y avoir
elle-même mis le feu, et suivit les troupes d'Arundel qui s'éloignèrent dans la direction de Paris.

Barbazan entra dans la place au mois de juin.
Mais elle ne resta pas longtemps entre nos mains.
Les Anglo-Bourguignons l'avaient reprise au mois
de mars 1432 ainsi que Pleurs et Pont-sur-Seine.

Le sire de Conflans, le bailli de Vermandois et
Mᵉ Vinchelin de la Tour prièrent la ville de Troyes
de leur fournir les moyens d'en recommencer le
siège. Ils demandaient, nous apprend M. Boutiot,
« 25 couleuvrines, 40 arbalétriers fournis de
« grosses arbalètes et de gros traits, et la grosse
« bombarde... Le Conseil accorda le gros vogue-
« laire, garni de pierres et de poudre, à la condi-
« tion de prendre Anglure avant de s'occuper d'au-
« cun autre siège. Le lendemain, le Conseil con-
« sentit à délivrer la grosse bombarde et le vogue-
« laire avec les gens et les chevaux nécessaires
« pour les conduire au siège, 20 couleuvreurs, 20

« poudre... » (Courtalon-Delaistre, *Topog. hist. de la
ville et du diocèse de Troyes*, t. I, pp. 21 et 89).

(1) Dans un lieu nommé *La Croisette*, dit M. Boutiot,
II, loc. cit. C'est une erreur. *La Croisette* était un village,
aujourd'hui détruit, situé entre Châlons et Lépine, où
Barbazan remporta, cette même année (1431), une vic-
oire.

« arbalétriers, 8 charpentiers, 4 maçons et 4 pion-
« niers pendant tout le temps du siège, de plus,
« 3,000 pains, 20 queues de vin et 800 bichets
« d'avoine, à livrer devant Anglure, et aussi des
« pelles, des pioches et autres outils au nombre
« de 200 pièces. »

Les demandeurs s'étaient engagés par écrit daté
du 31 mars à prendre et à démolir les châteaux de
Pleurs et d'Anglure. Mais l'entreprise ne paraît
pas avoir abouti car, au mois de septembre, nous
voyons que « Antoine Guéry, prévôt de Troyes,
« s'est mis en rapport avec le bâtard de Villars,
« Jean de Chaumont, Boson de Fages, bailli de
« Montargis et capitaine de Méry, M. de la Coste
» et d'autres capitaines, tous d'accord entre eux
« pour attaquer et se ruer sur Anglure. »

En même temps, Boson de Fages promet à l'é-
vêque de prendre et démolir Anglure « avec 200
« hommes d'armes, 300 hommes de trait, la grosse
« bombarde, les 2 voguelaires et les gens des com-
« munes. » Il offre de fournir 40 chevaux pour
amener la *Guillemette* devant Anglure.

« Le lundi 15 septembre, les douze membres
« du Conseil, élus pour traiter avec Boson, se
« réunissent avec celui-ci dans l'église de Saint-
« Pantaléon pour arrêter l'entreprise du siège
« d'Anglure. Il fut arrêté que la ville de Troyes y
« contribuerait pour 600 livres ; que Châlons en
« paierait 300 ; Epernay, 100 ; Vertus, 25 ; Châ-
« teau-Thierry, 100 ; Montmirail, 100 ; Sézanne
« et Le Maigny-Volant, 100 ; Provins, 200 ; No-
« gent, 100 ; Saint-Just et Plancy, chacun 60 ;
« Arcis et Ramerupt, chacun 40 ; Villemaur et
« Aix-en-Othe, chacun 20 ; Villenauxe, 30 ; Fère-
« Champenoise, 100. En tout 1,995 livres. Le gros
« voguelaire doit être envoyé à Anglure. On doit
« demander à Sézanne des pierres, afin de charger
« cette pièce, reconnue suffisante pour battre la
« place. Dans le cas contraire, la ville livrera sa
« grosse bombarde.

« Ce traité fut, le lendemain, approuvé dans
« une assemblée tenue à l'évêché, où l'on compta
« 73 habitants. Quatre jours après, Boson de
« Fages fit savoir aux habitants de Troyes qu'il
« avait écrit à ceux de Châlons, de Provins et des
« autres villes ayant intérêt à la destruction du
« château d'Anglure, afin de les faire contribuer
« aux frais de cette entreprise (1) ».

Les archives municipales de Troyes qui ont
fourni à M. Boutiot de si intéressants détails sur
les conventions passées entre la ville et Boson de
Fages ne nous apprennent pas les résultats de sa
tentative. Mais Monstrelet, après avoir raconté la
prise d'Anglure par le sire de Barbazan, nous dit
que cette place « prestement fut reconquise par
« les desus diz Anglois, et pour ce, fut elle mise
« en feu et en flambe et du tout démolie (2).

------

(1) Boutiot, op. cit., II, pp. 558-560.

(2) Cf. la *Chronique* de Monstrelet, éd. Drouët d'Arcq,
t. IV, pp. 440-442.

PIÈCES JUSTIFICATIVES

I

Henry par la grâce de Dieu roy de France et d'Angleterre, savoir faisons à tous presens et à venir nous avoir receu l'umble supplicacion de Jehan Bichot jeune homme laboureur demourant à Sézanne aagié de xxx ans ou environ chargié de femme et de pluseurs petiz enfans contenant que cinq ans a ou environ lui estant ou chastel d'Angleure ouquel il s'estoit retrait pour le fait de la guerre, a certain jour que les gens de nostre amé et féal Jehan de Dureville chevalier à présent bailli de Troyes et pour lors cappitaine ou garde dudit chastel d'Angleure estoient alez courir devant la forteresse de Barbonne pour lors détenue et occupée par noz adverseres et hors de nostre obéissance pour cuidier prendre ladicte forteresse ou autrement grever noz dis adverseres en la compaignie desquelles gens dudit bailli estoit ledit suppliant et au retour d'icelle course avoient esté boire en une taverne dudit lieu d'Angleure ou ledit suppliant avoit assez fort beu, icellui suppliant rencontra près d'icelle taverne un nommé Jehanin Milet demourant en la ville de Baudement

lez les dis lieux de Sézanne et d'Angleure lequel
lieu de Baudement estoit semblablement detenu
par noz diz adverseres ou leur obéissoit et favorisoit,
par devers lequel Jehanin Milet icellui suppliant
avoit plusieurs fois envoyé sa femme pour avoir
de lui deux sextiers que blé que avoine qu'il lui
devoit et avoit promis de lui mener audit lieu
d'Angleure et pour ce que icellui Milet avoit
plusieurs fois failli de paiement et respondu à sa
dicte femme qu'il n'en paieroit riens ou autres
parolles semblables lui dist icellui suppliant qu'il
lui payast lesdis ble et avoine dont il avoit bien
mestier pour le vivre de lui, sa femme et enfans
veu que pour lors estoit bien grant charté de
blefs, à quoy icellui Milet respondi arrogamment
que n'en devoit ne paieroit riens, et sur ce
débatirent l'un à l'autre et s'entredesmentirent et
en eulx débatant ledit suppliant s'aproucha de lui
et en frappant de sa main en celle dudit Milet lui
dist que une fois il l'en paieroit se droit aloit sur
terre, lequel Milet de sa main rebouta icellui
suppliant par l'espaule et le fist reculer trois ou
quatre pas en disant qu'il ne le craingnoit riens
et adonc se advança icellui suppliant et s'entre-
prindrent aux braz en frappant l'un l'autre des
poings et en eulx entretenant icellui suppliant
trouva davanture une sarpe qu'il print et du plat
d'icelle cuida frapper sur les espaules d'icellui
Milet dont advint que le trenchant d'icelle serpe
se tourna contre sa teste et en fut blecié au dessus
de l'oreille d'un cop seulement et atant se dépar-
tirent l'un de l'autre et sen ala ledit Milet en son
hostel audit Baudement et le landemain ledit
suppliant le fist aler visiter par un barbier pour
savoir comment il se portoit, lequel barbier trouva
qu'il n'avoit encores aucunement fait remédier à
ladicte bleceure et l'appareilla, et depuis retourna
icellui brecié audit lieu d'Angleure ou il coucha
une nuit et beurent avecques lui lesdis suppliant
et barbier et le landemain s'en retourna en sondit

hostel et assez tost après acoucha malade dont il
trespassa douze jours ou environ après ladicte
bleceure lequel trespassement venu à la congnois-
sance dudit suppliant considéré l'incertaineté qui
estoit se la mort dudit Milet estoit advenue pour le
fait d'icelle bateure ou pour autre maladie, actendu
mesmement que au temps des diz debat et bleceure
il estoit et avoit par avant long temps esté malade
de fievres icellui suppliant se trahi par devers la
femme et les enfans tous aagiez d'icellui defunct
qui sachans la manière et occasion dudit débat et
de ladicte maladie d'icellui défunct accordèrent
gracieusement avec lui moyennant la somme de
vint et quatre escuz d'or qui leurs en a passez et
d'un voyage et pèlerinage q'uil a pour ce fait fere
à Saint Nicolas de Varengéville et aucunes messes
qu'il a depuis fait chanter pour le remède de l'âme
d'icellui defunct, dont ilz se sont tenuz et
tiennent pour contens et satisfais et a tousjours
demouré depuis et demeure icellui suppliant sur
le lieu en faisant et continuant paisiblement son
labour et néanmoins il doubte que pour occasion
du cas dessusdit il peust estre poursuy par justice
et puni en corps ou en biens se nostre grace et
miséricorde ne lui estoit sur ce impartie si comme
il dit, requérant humblement icelle ; pour quoy,
nous, eue consideracion aux choses dessus dictes
voulant préférer en ceste partie équité et miséricorde à rigueur de justice actendu mesmement
que si comme l'en dit ledit suppliant a tousjours
esté et est de bonne vie et renomée et de honneste
conversacion sans onques mais avoir esté reprins,
actaint ne convaincu d'aucun villain cas, blasme
ou reprouche, à icellui suppliant ou cas dessusdis
avons remis, quité et pardonné, remectons,
quictons et pardonnons de nostre grâce especial,
plaine puissance et auctorité royal le fait et cas
dont dessus est faicte mencion avec toute peine,
amende et offense corporelle et criminele en quoy
il puet ou pourroit pour ce avoir encouru envers

nous et justice et tout ce qui s'en est ensuy, et
l'avons restitué au pays, à sa bonne renomée et
à ses biens non confisquez, satisfacion faicte à partie
se faicte n'est et imposons sur ce scilence perpetuel
a nostre procureur parmi ce que ledit suppliant
sera puni civilement. Si donnons en mandement
au bailli de Meaulx ou à son lieutenant audit
Sézanne et à tous noz autres juges et officiers ou à
leurs lieuxtenants présens et à venir et à chacun
d'eulx si comme à lui appartendra que de nostre
présente grâce rémission et pardon facent et
seuffrent ledit suppliant paisiblement joir et user
sans lui fere ou donner ne souffrir estre fait ou
donné pour occasion dudit cas et des deppandences
aucun destourbier ou empeschement aucunement
au contraire, mais se son corps ou aucuns de ses
biens non confisquez estoient pour ce prins, saisiz,
arrestez ou empeschiez en quelque manière que
ce soit lui mectent ou facent mectre à plaine
délivrance pourvueu que ces présentes seront
exhibées et présentées a nostre dit bailli de Meaulx
ou à son dit lieutenant à Sézanne par lequel ou
sondit lieutenant nous voulons icelles estre enteri-
nées ainsi qu'il appartient. Et afin que ce soit
chose ferme et estable à tousjours, nous avons fait
mectre nostre scel à ces présentes, sauf en autres
choses nostre droit et l'autruy en tout. Donné à
Paris au mois de février l'an de grâce mil cccc et
xxvi, et de nostre regne le quint. Ainsi signé : Par
le Roy à la relacion du Conseil :

MONTFORT.

Henry par la grâce de Dieu roy de France et
d'Angleterre, savoir faisons à tous présens et
advenir, nous avons receu l'umble supplicacion
des gens d'Eglise, nobles, bourgois, manans et
habitans de la ville de Sézanne, c'est assavoir de
Adam Beidot, Pierre de Peaz, Pierre Martin,
Jehan le Seneschal, Nicole Michiel, Pierre Le-
moine, Adam Janay, Jaque Garnier, Jehan
Chauvigny, prestres ; Jehanin le Sauvaigat,
Jehanin Tournecuillier, Guillaume Perot, Jehan
de Monbleru, Jehan Lorin, Lienart Coulemier,
Jehan Boullon, Agnes femme feu Jehan de Paley,
Perrinot de Poivre, Jehan Joliet, Ysabel femme
feu Nicolas de Veuves, Adenot Fanier, Gilot
Thiesson, Colot Pasquot, Guillemin le Loupvat,
Jehannon femme feu Perrot la Toye, Oudinet
Barrillet potier, Jehanin Jacopin, Jehanin Rentier,
Jehanin le Blondat, Lyegot Manchavère, Jehan
Petit-Tournecueillier, Colot le Rentier, Denisot le
Boutonnier dit le Capitain, Biétrix femme feu
Jaquinot de Poivre, Jehanin Bacon, Margot femme
feu Nicolas Maigrot, Margot la Belle, maistre Jaque
Jaque, Jehanson Rivet, Denisot Leffrée, Benoit le
Charpentier, Gilet le Serreusier, Jehan le Serru-
rier, maistre Robert le Moustonnet, Marguerite
Darmez, Perrot Sorel, Guillemete vefve de feu
Guillaume Sorel, Perrinot Noel, Thevenin Char-
bonnier, Guillemete vefve de feu Girard Baudoyn,
Marion vefve de feu Jehan Aiguillecte, Perrot
Fanier, Guillemin Le Fevre, Perrinet Droyer,
Perrinet Dosme, Jehan le Blanc, Jehanin de
Poivre, Huguette vefve de feu Jehan Cousinot,

Girard Dasy, Katherine vefve de feu Jehan Baulu, Thevenote vefve de Jehan Quepole, Perron femme feu Jehan Sonnot, Michau Jehan Choquot, Edouart de Lanharé escuier, Jehanin Guillemart barbier, Jaquin Piot, Marguerite vefve de feu Thiébault Lorgier, Jaquet Daret, Katherine vefve de feu Guillemin Baudoyn, Colinot le Loupvat, Ogerin Héraut, Perrinot Lorin, Jehanin Orquevaust, Jehanin le Mesnerat, Jehanin Quepole, Perrinet de Pouen, Marguesson vefve de feu Jehan Gaultier, Jehanin le Courcier, Marguesson vefve de feu Pierre le Filleul, Jehannon vefve de feu Perrinot Liénart, Jehan le Gouelx, Jehan Baussant, Jehan Daucipe, Perrin Morin dit Courtefoy, Colette femme Jehan Toussainz, Jehannon la Courcière, la femme feu Henry le Fevre, Jehanin Le Courcier, la femme feu Nicolas Farrat, Jehanin Girart, Jehannon femme feu Jaquin Pariis, Jehanin Garnot Fevre, Mogenet Bide, Marguerite vefve de feu Jehan Milet, Jabelet, femme de feu Jaquot le Deschaux, Jehan Gros dit Cobite, Gilot Varambert, Perrin Girart dit Morelet, Jehanin Jaquot, Marguerite femme feu Gilot de Frelaye, Thevenin Benoistin, Marion vefve de feu Jaquot Bataille, Jehanin Lalemant tixerrant, Oudinet Varlet, Jaquot Tournecuillier, Jehannesson de Ver, la femme feu Jehan le Prestat, Perrin Cobite, Marguerite femme feu Ogier Thiegot, Denisot Thiébault, Thevenin Orquevaust, Jehanin Charbonnier, Jehanin le Gaingneur, Denisot Geuffrin, Margot femme feu Jehan Girardot, Jehannecte femme feu Jehanin le Vachat, Gilot Moreillon, Aubery le Rentier, le Bastard de Boulongne, Jehanin Lalemant, Gilot Preudomme, Perrot le Loupvat, Jehan Fontenay, Perrinot Laurant, Jaque Marchant, Jehannart Valetro, Jehanin Simonnet, Jehan Chevancel, Thiébault Suot, Robin Corneillon, Meline la Poidvrote, Symart Valetro, Jehanin Oudin, Jehanin Hatot, la femme feu Colot Lucas, Perrot

Cupe, Philippot Quepole, Marion vefve de feu
Guillaume des Fourneaulx, Guiote vefve de feu
Jehan Gobin, Jehannon vefve de feu Jaquin
Caillot, Jehanin Vincent, Jehanin Gravant, Girart
de Luysy, Gilot du Chemin, Guillemete vefve de
feu Jehanin Hemonnet, Gilet Brunchaut, Jaquote
de Lausné vefve de feu Jaque Paillart, Jaquinot
Perrart, Geuffroy le Fevre, Simon Lasne dit Noë
de Broyes, Denisot Blanchin, Alips la Garrote,
Jehanin le Bourgoing, Girard Michon, Jaquin
Cupe, Colinot Génin, Babelon vefve de feu
Jehanin Loquart, la femme Loys Loiseleur,
Jehanin Oudot, Jehan Fleuriet, Phellippon Blan-
chet, Thévenin Gaudichon, Jehanin Pinot, Jehanin
du Gaud, Perrinot Pinot, Symonnet Guérin,
Dommangin Mannencier, Jehaninot Daret, Colot
Lemoyne, Colot Moufflot, Jehanin Mignot, Perrin
Morel, Jehanin Fergel, la femme feu Jehan Gode,
Denisot Jacopin, Jehan Seguin, Estienne Bequetin
et Regnault Croslot, contenant : comme du temps
de la régence en France de feu nostre tres-chier
seigneur et père cui Dieu pardoint lesdis supplians
se feussent mis et reduiz en l'obeissance et subb-
gection de feu nostre tres chier seigneur et ayeul le
Roy de France que Dieu absoille, et en icelle
obéissance eussent demouré et parsisté jusques
après le trespas de nosdis feux seigneurs ayeul et
père et que Eustace soy disant seigneur de
Conflans et Guillaume Marin rebelles et déso-
beissans à nous par sédicion et séduction mauvaise
se boutèrent en ladicte ville et y mirent tele et si
grosse garnison de gens d'armes et de trait qu'ilz
furent les plus fors en icelle ville et tindrent de
si court lesdis supplians qu'ilz n'avoient povoir de
résister à eulx qui estoit à la desplaisance de la
plus grant partie desdis supplians lesquelz y
eussent voulentiers remédié siez eussent peu, et
en cest estat ont demouré jusques à ce que nostre
très-chier et tres-amé cousin le conte de Salisbury
et du Perche lors gouverneur pour nous de noz

105

SÉZANNE. — TYP. DE A. PATOUX.

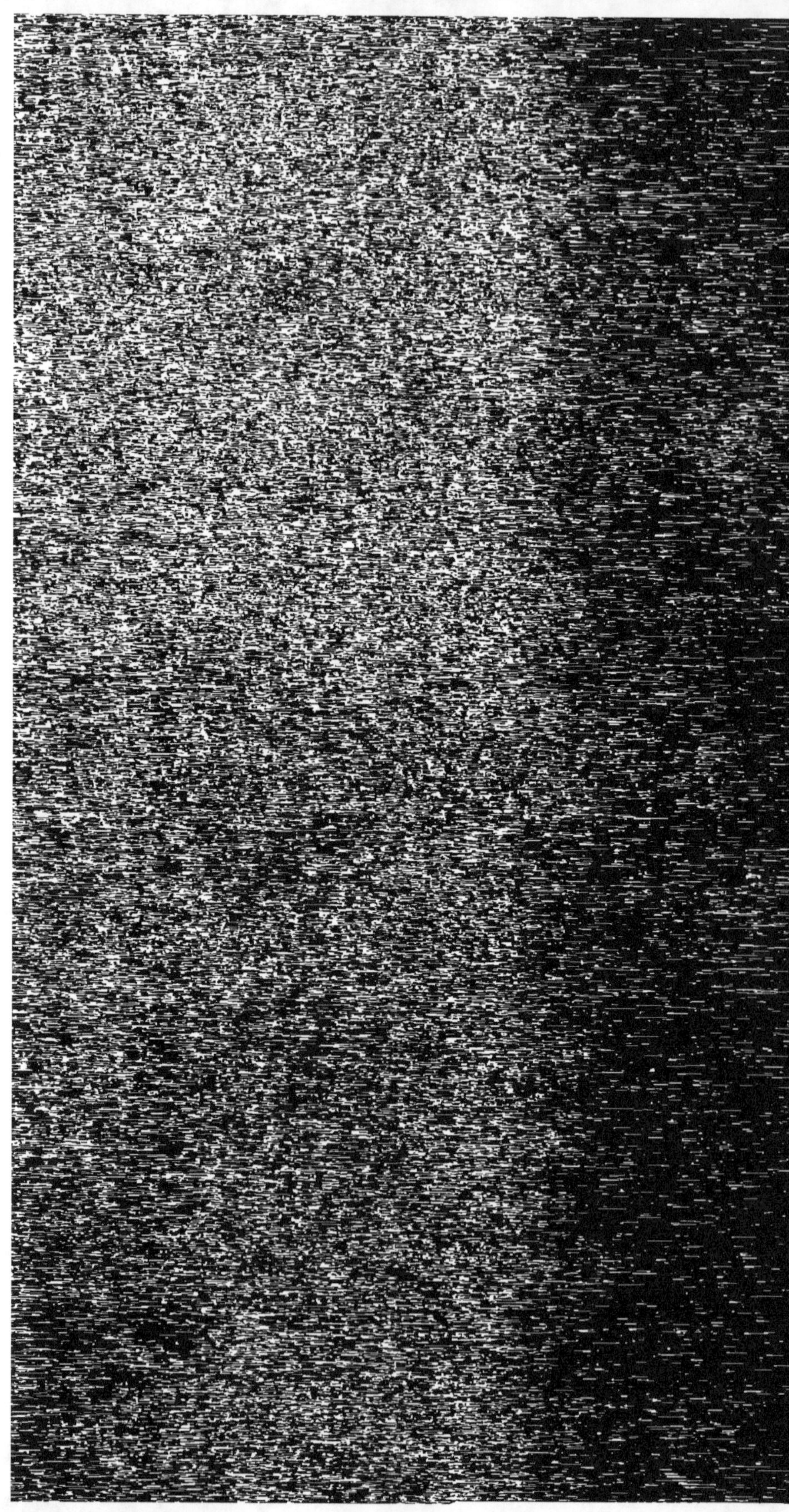

www.ingramcontent.com/pod-product-compliance
Lightning Source LLC
Chambersburg PA
CBHW061800060726
47597CB00007B/3033